Livre de bord
du jardinage

Ce livre appartient à :

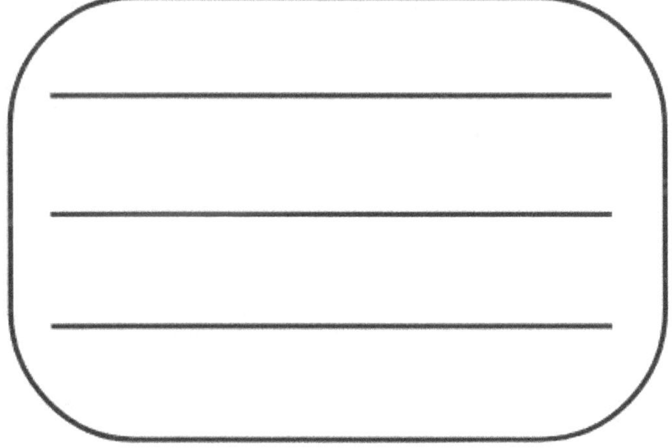

Le journal de jardinage est un moyen incroyable de suivre vos objectifs de jardinage pour les jardiniers débutants et expérimentés.

Livre de bord du jardinage

Nom		Localisation
Fournisseur		Prix

Végétaux	○	Fruits
Herbe	○	Fleur
Arbuste	○	Arbre
Annuelle	○	Biennale
Pérenne	○	Semis

Dates

Germination

Plantée

Récolté

Niveau de lumière

Soleil

Soleil partiel

Ombre

Autre

A partir de

Semences

Plante

Classement

Taille	○○○○○
Couleur	○○○○○
Goûter	○○○○○

Fertilisants
et équipements

Besoins en eau

0%
moins

Instructions
d'entretien

Instruction
de plantation

Notes
supplémentaires

Livre de bord du jardinage

| Nom | Localisation |

| Fournisseur | Prix |

Classe scientifique

Végétaux	○	Fruits
Herbe	○	Fleur
Arbuste	○	Arbre
Annuelle	○	Biennale
Pérenne	○	Semis

Dates

Germination

Plantée

Récolté

Niveau de lumière

Soleil

Soleil partiel

Ombre

Autre

A partir de

Semences

Plante

Classement

Taille	○○○○○
Couleur	○○○○○
Goûter	○○○○○

Fertilisants
et équipements

Besoins en eau

0%
moins

Instructions
d'entretien

Instruction
de plantation

Notes
supplémentaires

Livre de bord du jardinage

| Nom | | Localisation | |

| Fournisseur | | Prix | |

Classe scientifique

Végétaux	○	Fruits
Herbe	○	Fleur
Arbuste	○	Arbre
Annuelle	○	Biennale
Pérenne	○	Semis

Dates

Germination

Plantée

Récolté

Niveau de lumière

Soleil

Soleil partiel

Ombre

Autre

A partir de

Semences

Plante

Classement

Taille	○○○○○
Couleur	○○○○○
Goûter	○○○○○

Fertilisants
et équipements

Besoins en eau

0%
moins

Instructions
d'entretien

Instruction
de plantation

Notes
supplémentaires

Livre de bord du jardinage

Nom	Localisation

Fournisseur	Prix

Classe scientifique

Végétaux	○	Fruits
Herbe	○	Fleur
Arbuste	○	Arbre
Annuelle	○	Biennale
Pérenne	○	Semis

Dates

Germination
Plantée
Récolté

Niveau de lumière

Soleil
Soleil partiel
Ombre
Autre

A partir de

Semences
Plante

Classement

Taille	○○○○○
Couleur	○○○○○
Goûter	○○○○○

Fertilisants
et équipements

Besoins en eau

0%
moins

Instructions
d'entretien

Instruction
de plantation

Notes
supplémentaires

Livre de bord du jardinage

Nom	Localisation
Fournisseur	Prix

Classe scientifique

Végétaux	○	Fruits
Herbe	○	Fleur
Arbuste	○	Arbre
Annuelle	○	Biennale
Pérenne	○	Semis

Dates

Germination

Plantée

Récolté

Niveau de lumière

Soleil

Soleil partiel

Ombre

Autre

A partir de

Semences

Plante

Classement

Taille	○○○○○
Couleur	○○○○○
Goûter	○○○○○

Fertilisants et équipements

Besoins en eau

0%
moins

Instructions d'entretien

Instruction de plantation

Notes supplémentaires

Livre de bord du jardinage

Nom	Localisation

Fournisseur	Prix

Classe scientifique

Végétaux	○	Fruits
Herbe	○	Fleur
Arbuste	○	Arbre
Annuelle	○	Biennale
Pérenne	○	Semis

Dates

Germination

Plantée

Récolté

Niveau de lumière

Soleil

Soleil partiel

Ombre

Autre

A partir de

Semences

Plante

Classement

Taille ○○○○○

Couleur ○○○○○

Goûter ○○○○○

Fertilisants
et équipements

Besoins en eau

0%
moins

Instructions
d'entretien

Instruction
de plantation

Notes
supplémentaires

Livre de bord du jardinage

Nom	Localisation

Fournisseur	Prix

Classe scientifique

Végétaux	○	Fruits
Herbe	○	Fleur
Arbuste	○	Arbre
Annuelle	○	Biennale
Pérenne	○	Semis

Dates

Germination

Plantée

Récolté

Niveau de lumière

Soleil

Soleil partiel

Ombre

Autre

A partir de

Semences

Plante

Classement

Taille ○○○○○

Couleur ○○○○○

Goûter ○○○○○

Fertilisants
et équipements

Besoins en eau

0%
moins

Instructions
d'entretien

Instruction
de plantation

Notes
supplémentaires

Livre de bord du jardinage

Nom	Localisation

Fournisseur	Prix

Classe scientifique

Végétaux	○	Fruits
Herbe	○	Fleur
Arbuste	○	Arbre
Annuelle	○	Biennale
Pérenne	○	Semis

Dates

Germination

Plantée

Récolté

Niveau de lumière

Soleil

Soleil partiel

Ombre

Autre

A partir de

Semences

Plante

Classement

Taille ○○○○○

Couleur ○○○○○

Goûter ○○○○○

Fertilisants
et équipements

Besoins en eau

0%
moins

Instructions
d'entretien

Instruction
de plantation

Notes
supplémentaires

Livre de bord du jardinage

Nom	Localisation

Fournisseur	Prix

Classe scientifique

Végétaux	○	Fruits
Herbe	○	Fleur
Arbuste	○	Arbre
Annuelle	○	Biennale
Pérenne	○	Semis

Dates

Germination

Plantée

Récolté

Niveau de lumière

Soleil

Soleil partiel

Ombre

Autre

A partir de

Semences

Plante

Classement

Taille	○○○○○
Couleur	○○○○○
Goûter	○○○○○

Fertilisants
et équipements

Besoins en eau

0%
moins

Instructions
d'entretien

Instruction
de plantation

Notes
supplémentaires

Livre de bord du jardinage

Nom	Localisation

Fournisseur	Prix

Classe scientifique

Végétaux	◯	Fruits
Herbe	◯	Fleur
Arbuste	◯	Arbre
Annuelle	◯	Biennale
Pérenne	◯	Semis

Dates

Germination

Plantée

Récolté

Niveau de lumière

Soleil

Soleil partiel

Ombre

Autre

A partir de

Semences

Plante

Classement

Taille	◯◯◯◯◯
Couleur	◯◯◯◯◯
Goûter	◯◯◯◯◯

| Fertilisants et équipements | Besoins en eau |

0%
moins

| Instructions d'entretien | Instruction de plantation |

| Notes supplémentaires |

Livre de bord du jardinage

Nom	Localisation

Fournisseur	Prix

Classe scientifique

Végétaux	○	Fruits
Herbe	○	Fleur
Arbuste	○	Arbre
Annuelle	○	Biennale
Pérenne	○	Semis

Dates

Germination

Plantée

Récolté

Niveau de lumière

Soleil

Soleil partiel

Ombre

Autre

A partir de

Semences

Plante

Classement

Taille	○○○○○
Couleur	○○○○○
Goûter	○○○○○

Fertilisants
et équipements

Besoins en eau

0%
moins

Instructions
d'entretien

Instruction
de plantation

Notes
supplémentaires

Livre de bord du jardinage

Nom	Localisation

Fournisseur	Prix

Classe scientifique

Végétaux	○	Fruits
Herbe	○	Fleur
Arbuste	○	Arbre
Annuelle	○	Biennale
Pérenne	○	Semis

Dates	Niveau de lumière
Germination	Soleil
Plantée	Soleil partiel
Récolté	Ombre
	Autre

A partir de	Classement
Semences	Taille ○○○○○
Plante	Couleur ○○○○○
	Goûter ○○○○○

Fertilisants
et équipements

Besoins en eau

0%
moins

Instructions
d'entretien

Instruction
de plantation

Notes
supplémentaires

Livre de bord du jardinage

| Nom | | Localisation |
| Fournisseur | | Prix |

Classe scientifique

Végétaux	⭘	Fruits
Herbe	⭘	Fleur
Arbuste	⭘	Arbre
Annuelle	⭘	Biennale
Pérenne	⭘	Semis

Dates

Germination

Plantée

Récolté

Niveau de lumière

Soleil

Soleil partiel

Ombre

Autre

A partir de

Semences

Plante

Classement

Taille ⭘⭘⭘⭘⭘

Couleur ⭘⭘⭘⭘⭘

Goûter ⭘⭘⭘⭘⭘

Fertilisants
et équipements

Besoins en eau

0%
moins

Instructions
d'entretien

Instruction
de plantation

Notes
supplémentaires

Livre de bord du jardinage

Nom	Localisation

Fournisseur	Prix

Classe scientifique

Végétaux	○	Fruits
Herbe	○	Fleur
Arbuste	○	Arbre
Annuelle	○	Biennale
Pérenne	○	Semis

Dates

Germination

Plantée

Récolté

Niveau de lumière

Soleil

Soleil partiel

Ombre

Autre

A partir de

Semences

Plante

Classement

Taille	○○○○○
Couleur	○○○○○
Goûter	○○○○○

Fertilisants
et équipements

Besoins en eau

0%
moins

Instructions
d'entretien

Instruction
de plantation

Notes
supplémentaires

Livre de bord du jardinage

Nom	Localisation

Fournisseur	Prix

Classe scientifique

Végétaux	○	Fruits
Herbe	○	Fleur
Arbuste	○	Arbre
Annuelle	○	Biennale
Pérenne	○	Semis

Dates

Germination

Plantée

Récolté

Niveau de lumière

Soleil

Soleil partiel

Ombre

Autre

A partir de

Semences

Plante

Classement

Taille ○○○○○

Couleur ○○○○○

Goûter ○○○○○

Fertilisants
et équipements

Besoins en eau

0%
moins

Instructions
d'entretien

Instruction
de plantation

Notes
supplémentaires

Livre de bord du jardinage

Nom	Localisation

Fournisseur	Prix

Classe scientifique

Végétaux	◯	Fruits
Herbe	◯	Fleur
Arbuste	◯	Arbre
Annuelle	◯	Biennale
Pérenne	◯	Semis

Dates

Germination

Plantée

Récolté

Niveau de lumière

Soleil

Soleil partiel

Ombre

Autre

A partir de

Semences

Plante

Classement

Taille	◯◯◯◯◯
Couleur	◯◯◯◯◯
Goûter	◯◯◯◯◯

Fertilisants
et équipements

Besoins en eau

0%
moins

Instructions
d'entretien

Instruction
de plantation

Notes
supplémentaires

Livre de bord du jardinage

Nom

Localisation

Fournisseur

Prix

Classe scientifique

Végétaux	○	Fruits
Herbe	○	Fleur
Arbuste	○	Arbre
Annuelle	○	Biennale
Pérenne	○	Semis

Dates

Germination

Plantée

Récolté

Niveau de lumière

Soleil

Soleil partiel

Ombre

Autre

A partir de

Semences

Plante

Classement

Taille	○○○○○
Couleur	○○○○○
Goûter	○○○○○

Fertilisants
et équipements

Besoins en eau

0%
moins

Instructions
d'entretien

Instruction
de plantation

Notes
supplémentaires

Livre de bord du jardinage

Nom	Localisation

Fournisseur	Prix

Classe scientifique

Végétaux	◯	Fruits
Herbe	◯	Fleur
Arbuste	◯	Arbre
Annuelle	◯	Biennale
Pérenne	◯	Semis

Dates

Germination

Plantée

Récolté

Niveau de lumière

Soleil

Soleil partiel

Ombre

Autre

A partir de

Semences

Plante

Classement

Taille	◯◯◯◯◯
Couleur	◯◯◯◯◯
Goûter	◯◯◯◯◯

Fertilisants
et équipements

Besoins en eau

0%
moins

Instructions
d'entretien

Instruction
de plantation

Notes
supplémentaires

Livre de bord du jardinage

Nom		Localisation	
Fournisseur		Prix	

Classe scientifique

Végétaux	○	Fruits
Herbe	○	Fleur
Arbuste	○	Arbre
Annuelle	○	Biennale
Pérenne	○	Semis

Dates

Germination

Plantée

Récolté

Niveau de lumière

Soleil

Soleil partiel

Ombre

Autre

A partir de

Semences

Plante

Classement

Taille	○○○○○
Couleur	○○○○○
Goûter	○○○○○

Fertilisants
et équipements

Besoins en eau

0%
moins

Instructions
d'entretien

Instruction
de plantation

Notes
supplémentaires

Livre de bord du jardinage

Nom

Localisation

Fournisseur

Prix

Classe scientifique

Végétaux	◯	Fruits
Herbe	◯	Fleur
Arbuste	◯	Arbre
Annuelle	◯	Biennale
Pérenne	◯	Semis

Dates

Germination

Plantée

Récolté

Niveau de lumière

Soleil

Soleil partiel

Ombre

Autre

A partir de

Semences

Plante

Classement

Taille ◯◯◯◯◯

Couleur ◯◯◯◯◯

Goûter ◯◯◯◯◯

Fertilisants
et équipements

Besoins en eau

0%
moins

Instructions
d'entretien

Instruction
de plantation

Notes
supplémentaires

Livre de bord du jardinage

Nom

Localisation

Fournisseur

Prix

Classe scientifique

Végétaux	◯	Fruits
Herbe	◯	Fleur
Arbuste	◯	Arbre
Annuelle	◯	Biennale
Pérenne	◯	Semis

Dates

Germination

Plantée

Récolté

Niveau de lumière

Soleil

Soleil partiel

Ombre

Autre

A partir de

Semences

Plante

Classement

Taille ◯◯◯◯◯

Couleur ◯◯◯◯◯

Goûter ◯◯◯◯◯

Fertilisants et équipements

Besoins en eau

0%
moins

Instructions d'entretien

Instruction de plantation

Notes supplémentaires

Livre de bord du jardinage

Nom	Localisation

Fournisseur	Prix

Classe scientifique

Végétaux	○	Fruits
Herbe	○	Fleur
Arbuste	○	Arbre
Annuelle	○	Biennale
Pérenne	○	Semis

Dates

Germination

Plantée

Récolté

Niveau de lumière

Soleil

Soleil partiel

Ombre

Autre

A partir de

Semences

Plante

Classement

Taille	○○○○○
Couleur	○○○○○
Goûter	○○○○○

Fertilisants
et équipements

Besoins en eau

0%
moins

Instructions
d'entretien

Instruction
de plantation

Notes
supplémentaires

Livre de bord du jardinage

Nom	Localisation

Fournisseur	Prix

Classe scientifique

Végétaux	○	Fruits
Herbe	○	Fleur
Arbuste	○	Arbre
Annuelle	○	Biennale
Pérenne	○	Semis

Dates

Germination

Plantée

Récolté

Niveau de lumière

Soleil

Soleil partiel

Ombre

Autre

A partir de

Semences

Plante

Classement

Taille	○○○○○
Couleur	○○○○○
Goûter	○○○○○

Fertilisants
et équipements

Besoins en eau

0%
moins

Instructions
d'entretien

Instruction
de plantation

Notes
supplémentaires

Livre de bord du jardinage

Nom	Localisation

Fournisseur	Prix

Classe scientifique

Végétaux	○	Fruits
Herbe	○	Fleur
Arbuste	○	Arbre
Annuelle	○	Biennale
Pérenne	○	Semis

Dates

Germination

Plantée

Récolté

Niveau de lumière

Soleil

Soleil partiel

Ombre

Autre

A partir de

Semences

Plante

Classement

Taille	○○○○○
Couleur	○○○○○
Goûter	○○○○○

Fertilisants
et équipements

Besoins en eau

0%
moins

Instructions
d'entretien

Instruction
de plantation

Notes
supplémentaires

Livre de bord du jardinage

Nom	Localisation
Fournisseur	Prix

Classe scientifique

Végétaux	○	Fruits
Herbe	○	Fleur
Arbuste	○	Arbre
Annuelle	○	Biennale
Pérenne	○	Semis

Dates

Germination

Plantée

Récolté

A partir de

Semences

Plante

Niveau de lumière

Soleil

Soleil partiel

Ombre

Autre

Classement

Taille	○○○○○
Couleur	○○○○○
Goûter	○○○○○

Fertilisants
et équipements

Besoins en eau

0%
moins

Instructions
d'entretien

Instruction
de plantation

Notes
supplémentaires

Livre de bord du jardinage

Nom

Localisation

Fournisseur

Prix

Classe scientifique

Végétaux	○	Fruits
Herbe	○	Fleur
Arbuste	○	Arbre
Annuelle	○	Biennale
Pérenne	○	Semis

Dates

Germination

Plantée

Récolté

Niveau de lumière

Soleil

Soleil partiel

Ombre

Autre

A partir de

Semences

Plante

Classement

Taille	○○○○○
Couleur	○○○○○
Goûter	○○○○○

Fertilisants
et équipements

Besoins en eau

0%
moins

Instructions
d'entretien

Instruction
de plantation

Notes
supplémentaires

Livre de bord du jardinage

| Nom | | Localisation | |

| Fournisseur | | Prix | |

Classe scientifique

Végétaux	○	Fruits
Herbe	○	Fleur
Arbuste	○	Arbre
Annuelle	○	Biennale
Pérenne	○	Semis

Dates

Germination

Plantée

Récolté

Niveau de lumière

Soleil

Soleil partiel

Ombre

Autre

A partir de

Semences

Plante

Classement

Taille	○○○○○
Couleur	○○○○○
Goûter	○○○○○

Fertilisants
et équipements

Besoins en eau

0%
moins

Instructions
d'entretien

Instruction
de plantation

Notes
supplémentaires

Livre de bord du jardinage

| Nom | | Localisation | |

| Fournisseur | | Prix | |

<table>
<tr><td colspan="4" align="center">Classe scientifique</td></tr>
<tr><td>Végétaux</td><td>○</td><td>Fruits</td></tr>
<tr><td>Herbe</td><td>○</td><td>Fleur</td></tr>
<tr><td>Arbuste</td><td>○</td><td>Arbre</td></tr>
<tr><td>Annuelle</td><td>○</td><td>Biennale</td></tr>
<tr><td>Pérenne</td><td>○</td><td>Semis</td></tr>
</table>

Dates		Niveau de lumière
Germination		Soleil
Plantée		Soleil partiel
Récolté		Ombre
		Autre

A partir de		Classement
Semences		Taille ○○○○○
Plante		Couleur ○○○○○
		Goûter ○○○○○

Fertilisants
et équipements

Besoins en eau

0%
moins

Instructions
d'entretien

Instruction
de plantation

Notes
supplémentaires

Livre de bord du jardinage

Nom	Localisation

Fournisseur	Prix

Classe scientifique

Végétaux	○	Fruits
Herbe	○	Fleur
Arbuste	○	Arbre
Annuelle	○	Biennale
Pérenne	○	Semis

Dates

Germination

Plantée

Récolté

Niveau de lumière

Soleil

Soleil partiel

Ombre

Autre

A partir de

Semences

Plante

Classement

Taille	○○○○○
Couleur	○○○○○
Goûter	○○○○○

Fertilisants et équipements

Besoins en eau

0%
moins

Instructions d'entretien

Instruction de plantation

Notes supplémentaires

Livre de bord du jardinage

| Nom | Localisation |

| Fournisseur | Prix |

Classe scientifique

Végétaux	○	Fruits
Herbe	○	Fleur
Arbuste	○	Arbre
Annuelle	○	Biennale
Pérenne	○	Semis

Dates

Germination

Plantée

Récolté

Niveau de lumière

Soleil

Soleil partiel

Ombre

Autre

A partir de

Semences

Plante

Classement

Taille	○○○○○
Couleur	○○○○○
Goûter	○○○○○

Fertilisants et équipements

Besoins en eau

0%
moins

Instructions d'entretien

Instruction de plantation

Notes supplémentaires

Livre de bord du jardinage

Nom		Localisation	

Fournisseur		Prix	

Classe scientifique

Végétaux	○	Fruits
Herbe	○	Fleur
Arbuste	○	Arbre
Annuelle	○	Biennale
Pérenne	○	Semis

Dates

Germination

Plantée

Récolté

Niveau de lumière

Soleil

Soleil partiel

Ombre

Autre

A partir de

Semences

Plante

Classement

Taille	○○○○○
Couleur	○○○○○
Goûter	○○○○○

Fertilisants
et équipements

Besoins en eau

0%
moins

Instructions
d'entretien

Instruction
de plantation

Notes
supplémentaires

Livre de bord du jardinage

Nom	Localisation

Fournisseur	Prix

Classe scientifique

Végétaux	◯	Fruits
Herbe	◯	Fleur
Arbuste	◯	Arbre
Annuelle	◯	Biennale
Pérenne	◯	Semis

Dates

Germination

Plantée

Récolté

Niveau de lumière

Soleil

Soleil partiel

Ombre

Autre

A partir de

Semences

Plante

Classement

Taille ◯◯◯◯◯

Couleur ◯◯◯◯◯

Goûter ◯◯◯◯◯

Fertilisants
et équipements

Besoins en eau

0%
moins

Instructions
d'entretien

Instruction
de plantation

Notes
supplémentaires

Livre de bord du jardinage

Nom	Localisation

Fournisseur	Prix

Classe scientifique

Végétaux	⭘	Fruits
Herbe	⭘	Fleur
Arbuste	⭘	Arbre
Annuelle	⭘	Biennale
Pérenne	⭘	Semis

Dates

Germination

Plantée

Récolté

Niveau de lumière

Soleil

Soleil partiel

Ombre

Autre

A partir de

Semences

Plante

Classement

Taille	⭘⭘⭘⭘⭘
Couleur	⭘⭘⭘⭘⭘
Goûter	⭘⭘⭘⭘⭘

Fertilisants
et équipements

Besoins en eau

0%
moins

Instructions
d'entretien

Instruction
de plantation

Notes
supplémentaires

Livre de bord du jardinage

Nom	Localisation

Fournisseur	Prix

Classe scientifique

Végétaux	○	Fruits
Herbe	○	Fleur
Arbuste	○	Arbre
Annuelle	○	Biennale
Pérenne	○	Semis

Dates

Germination

Plantée

Récolté

Niveau de lumière

Soleil

Soleil partiel

Ombre

Autre

A partir de

Semences

Plante

Classement

Taille   ○○○○○

Couleur   ○○○○○

Goûter   ○○○○○

Fertilisants
et équipements

Besoins en eau

0%
moins

Instructions
d'entretien

Instruction
de plantation

Notes
supplémentaires

Livre de bord du jardinage

Nom	Localisation
Fournisseur	Prix

Classe scientifique

Végétaux	○	Fruits
Herbe	○	Fleur
Arbuste	○	Arbre
Annuelle	○	Biennale
Pérenne	○	Semis

Dates

Germination

Plantée

Récolté

Niveau de lumière

Soleil

Soleil partiel

Ombre

Autre

A partir de

Semences

Plante

Classement

Taille	○○○○○
Couleur	○○○○○
Goûter	○○○○○

Fertilisants
et équipements

Besoins en eau

0%
moins

Instructions
d'entretien

Instruction
de plantation

Notes
supplémentaires

Livre de bord du jardinage

| Nom | | Localisation | |

| Fournisseur | | Prix | |

Classe scientifique

Végétaux	○	Fruits
Herbe	○	Fleur
Arbuste	○	Arbre
Annuelle	○	Biennale
Pérenne	○	Semis

Dates

Germination

Plantée

Récolté

Niveau de lumière

Soleil

Soleil partiel

Ombre

Autre

A partir de

Semences

Plante

Classement

Taille	○○○○○
Couleur	○○○○○
Goûter	○○○○○

Fertilisants
et équipements

Besoins en eau

0%
moins

Instructions
d'entretien

Instruction
de plantation

Notes
supplémentaires

Livre de bord du jardinage

Nom	Localisation

Fournisseur	Prix

Classe scientifique

Végétaux	○	Fruits
Herbe	○	Fleur
Arbuste	○	Arbre
Annuelle	○	Biennale
Pérenne	○	Semis

Dates

Germination

Plantée

Récolté

Niveau de lumière

Soleil

Soleil partiel

Ombre

Autre

A partir de

Semences

Plante

Classement

Taille	○○○○○
Couleur	○○○○○
Goûter	○○○○○

Fertilisants
et équipements

Besoins en eau

0%
moins

Instructions
d'entretien

Instruction
de plantation

Notes
supplémentaires

Livre de bord du jardinage

Nom	Localisation

Fournisseur	Prix

Classe scientifique

Végétaux	⃝	Fruits
Herbe	⃝	Fleur
Arbuste	⃝	Arbre
Annuelle	⃝	Biennale
Pérenne	⃝	Semis

Dates

Germination

Plantée

Récolté

Niveau de lumière

Soleil

Soleil partiel

Ombre

Autre

A partir de

Semences

Plante

Classement

Taille	⃝⃝⃝⃝⃝
Couleur	⃝⃝⃝⃝⃝
Goûter	⃝⃝⃝⃝⃝

Fertilisants
et équipements

Besoins en eau

0%
moins

Instructions
d'entretien

Instruction
de plantation

Notes
supplémentaires

Livre de bord du jardinage

Nom	Localisation

Fournisseur	Prix

Classe scientifique

Végétaux	○	Fruits
Herbe	○	Fleur
Arbuste	○	Arbre
Annuelle	○	Biennale
Pérenne	○	Semis

Dates

Germination

Plantée

Récolté

Niveau de lumière

Soleil

Soleil partiel

Ombre

Autre

A partir de

Semences

Plante

Classement

Taille	○○○○○
Couleur	○○○○○
Goûter	○○○○○

Fertilisants
et équipements

Besoins en eau

0%
moins

Instructions
d'entretien

Instruction
de plantation

Notes
supplémentaires

Livre de bord du jardinage

Nom		Localisation	
Fournisseur		Prix	

Classe scientifique

Végétaux	○	Fruits
Herbe	○	Fleur
Arbuste	○	Arbre
Annuelle	○	Biennale
Pérenne	○	Semis

Dates

Germination

Plantée

Récolté

Niveau de lumière

Soleil

Soleil partiel

Ombre

Autre

A partir de

Semences

Plante

Classement

Taille	○○○○○
Couleur	○○○○○
Goûter	○○○○○

Fertilisants
et équipements

Besoins en eau

0%
moins

Instructions
d'entretien

Instruction
de plantation

Notes
supplémentaires

Livre de bord du jardinage

Nom

Localisation

Fournisseur

Prix

Classe scientifique

Végétaux	○	Fruits
Herbe	○	Fleur
Arbuste	○	Arbre
Annuelle	○	Biennale
Pérenne	○	Semis

Dates

Germination

Plantée

Récolté

Niveau de lumière

Soleil

Soleil partiel

Ombre

Autre

A partir de

Semences

Plante

Classement

Taille ○○○○○

Couleur ○○○○○

Goûter ○○○○○

Fertilisants
et équipements

Besoins en eau

0%
moins

Instructions
d'entretien

Instruction
de plantation

Notes
supplémentaires

Livre de bord du jardinage

Nom		Localisation
Fournisseur		Prix

Classe scientifique

Végétaux	○	Fruits
Herbe	○	Fleur
Arbuste	○	Arbre
Annuelle	○	Biennale
Pérenne	○	Semis

Dates

Germination

Plantée

Récolté

Niveau de lumière

Soleil

Soleil partiel

Ombre

Autre

A partir de

Semences

Plante

Classement

Taille ○○○○○

Couleur ○○○○○

Goûter ○○○○○

Fertilisants
et équipements

Besoins en eau

0%
moins

Instructions
d'entretien

Instruction
de plantation

Notes
supplémentaires

Livre de bord du jardinage

Nom

Localisation

Fournisseur

Prix

Classe scientifique

Végétaux	○	Fruits
Herbe	○	Fleur
Arbuste	○	Arbre
Annuelle	○	Biennale
Pérenne	○	Semis

Dates

Germination

Plantée

Récolté

Niveau de lumière

Soleil

Soleil partiel

Ombre

Autre

A partir de

Semences

Plante

Classement

Taille ○○○○○

Couleur ○○○○○

Goûter ○○○○○

Fertilisants
et équipements

Besoins en eau

0%
moins

Instructions
d'entretien

Instruction
de plantation

Notes
supplémentaires

Livre de bord du jardinage

| Nom | | Localisation | |

| Fournisseur | | Prix | |

Classe scientifique

Végétaux	○	Fruits
Herbe	○	Fleur
Arbuste	○	Arbre
Annuelle	○	Biennale
Pérenne	○	Semis

Dates

Germination

Plantée

Récolté

Niveau de lumière

Soleil

Soleil partiel

Ombre

Autre

A partir de

Semences

Plante

Classement

Taille	○○○○○
Couleur	○○○○○
Goûter	○○○○○

Fertilisants et équipements

Besoins en eau

0%
moins

Instructions d'entretien

Instruction de plantation

Notes supplémentaires

Livre de bord du jardinage

Nom	Localisation

Fournisseur	Prix

Classe scientifique

Végétaux	○	Fruits
Herbe	○	Fleur
Arbuste	○	Arbre
Annuelle	○	Biennale
Pérenne	○	Semis

Dates

Germination

Plantée

Récolté

Niveau de lumière

Soleil

Soleil partiel

Ombre

Autre

A partir de

Semences

Plante

Classement

Taille	○○○○○
Couleur	○○○○○
Goûter	○○○○○

Fertilisants
et équipements

Besoins en eau

0%
moins

Instructions
d'entretien

Instruction
de plantation

Notes
supplémentaires

Livre de bord du jardinage

Nom   Localisation

Fournisseur   Prix

Classe scientifique

Végétaux	◯	Fruits
Herbe	◯	Fleur
Arbuste	◯	Arbre
Annuelle	◯	Biennale
Pérenne	◯	Semis

Dates

Germination

Plantée

Récolté

Niveau de lumière

Soleil

Soleil partiel

Ombre

Autre

A partir de

Semences

Plante

Classement

Taille   ◯◯◯◯◯

Couleur   ◯◯◯◯◯

Goûter   ◯◯◯◯◯

Fertilisants
et équipements

Besoins en eau

0%
moins

Instructions
d'entretien

Instruction
de plantation

Notes
supplémentaires

Livre de bord du jardinage

Nom

Localisation

Fournisseur

Prix

Classe scientifique

Végétaux	○	Fruits
Herbe	○	Fleur
Arbuste	○	Arbre
Annuelle	○	Biennale
Pérenne	○	Semis

Dates

Germination

Plantée

Récolté

Niveau de lumière

Soleil

Soleil partiel

Ombre

Autre

A partir de

Semences

Plante

Classement

Taille ○○○○○

Couleur ○○○○○

Goûter ○○○○○

Fertilisants
et équipements

Besoins en eau

0%
moins

Instructions
d'entretien

Instruction
de plantation

Notes
supplémentaires

Livre de bord du jardinage

Nom		Localisation
Fournisseur		Prix

Classe scientifique

Végétaux	○	Fruits
Herbe	○	Fleur
Arbuste	○	Arbre
Annuelle	○	Biennale
Pérenne	○	Semis

Dates

Germination

Plantée

Récolté

Niveau de lumière

Soleil

Soleil partiel

Ombre

Autre

A partir de

Semences

Plante

Classement

Taille	○○○○○
Couleur	○○○○○
Goûter	○○○○○

| Fertilisants et équipements | Besoins en eau |

0%
moins

| Instructions d'entretien | Instruction de plantation |

| Notes supplémentaires |

Livre de bord du jardinage

Nom	Localisation

Fournisseur	Prix

Classe scientifique

Végétaux	○	Fruits
Herbe	○	Fleur
Arbuste	○	Arbre
Annuelle	○	Biennale
Pérenne	○	Semis

Dates

Germination	
Plantée	
Récolté	

Niveau de lumière

Soleil

Soleil partiel

Ombre

Autre

A partir de

Semences

Plante

Classement

Taille	○○○○○
Couleur	○○○○○
Goûter	○○○○○

Fertilisants
et équipements

Besoins en eau

0%
moins

Instructions
d'entretien

Instruction
de plantation

Notes
supplémentaires

Livre de bord du jardinage

Nom	Localisation
Fournisseur	Prix

Classe scientifique

Végétaux	○	Fruits
Herbe	○	Fleur
Arbuste	○	Arbre
Annuelle	○	Biennale
Pérenne	○	Semis

Dates

Germination

Plantée

Récolté

Niveau de lumière

Soleil

Soleil partiel

Ombre

Autre

A partir de

Semences

Plante

Classement

Taille	○○○○○
Couleur	○○○○○
Goûter	○○○○○

Fertilisants
et équipements

Besoins en eau

0%
moins

Instructions
d'entretien

Instruction
de plantation

Notes
supplémentaires

Livre de bord du jardinage

| Nom | | Localisation | |
| Fournisseur | | Prix | |

Classe scientifique

Végétaux	⃝	Fruits
Herbe	⃝	Fleur
Arbuste	⃝	Arbre
Annuelle	⃝	Biennale
Pérenne	⃝	Semis

Dates

Germination

Plantée

Récolté

Niveau de lumière

Soleil

Soleil partiel

Ombre

Autre

A partir de

Semences

Plante

Classement

Taille	⃝⃝⃝⃝⃝
Couleur	⃝⃝⃝⃝⃝
Goûter	⃝⃝⃝⃝⃝

Fertilisants
et équipements

Besoins en eau

0%
moins

Instructions
d'entretien

Instruction
de plantation

Notes
supplémentaires

Livre de bord du jardinage

Nom	Localisation

Fournisseur	Prix

Classe scientifique

Végétaux	○	Fruits
Herbe	○	Fleur
Arbuste	○	Arbre
Annuelle	○	Biennale
Pérenne	○	Semis

Dates

Germination

Plantée

Récolté

Niveau de lumière

Soleil

Soleil partiel

Ombre

Autre

A partir de

Semences

Plante

Classement

Taille	○○○○○
Couleur	○○○○○
Goûter	○○○○○

Fertilisants
et équipements

Besoins en eau

0%
moins

Instructions
d'entretien

Instruction
de plantation

Notes
supplémentaires

Livre de bord du jardinage

Nom		Localisation	

Fournisseur		Prix	

Classe scientifique

Végétaux	○	Fruits
Herbe	○	Fleur
Arbuste	○	Arbre
Annuelle	○	Biennale
Pérenne	○	Semis

Dates

Germination

Plantée

Récolté

Niveau de lumière

Soleil

Soleil partiel

Ombre

Autre

A partir de

Semences

Plante

Classement

Taille	○○○○○
Couleur	○○○○○
Goûter	○○○○○

Fertilisants
et équipements

____

____

____

____

Besoins en eau

0%
moins

Instructions
d'entretien

____

____

____

____

Instruction
de plantation

____

____

____

Notes
supplémentaires

____

____

____

____

____

____

Livre de bord du jardinage

Nom	Localisation

Fournisseur	Prix

Classe scientifique

Végétaux	◯	Fruits
Herbe	◯	Fleur
Arbuste	◯	Arbre
Annuelle	◯	Biennale
Pérenne	◯	Semis

Dates

Germination

Plantée

Récolté

Niveau de lumière

Soleil

Soleil partiel

Ombre

Autre

A partir de

Semences

Plante

Classement

Taille	◯◯◯◯◯
Couleur	◯◯◯◯◯
Goûter	◯◯◯◯◯

Fertilisants
et équipements

Besoins en eau

0%
moins

Instructions
d'entretien

Instruction
de plantation

Notes
supplémentaires

Livre de bord du jardinage

Nom	Localisation

Fournisseur	Prix

Classe scientifique

Végétaux	○	Fruits
Herbe	○	Fleur
Arbuste	○	Arbre
Annuelle	○	Biennale
Pérenne	○	Semis

Dates

Germination

Plantée

Récolté

Niveau de lumière

Soleil

Soleil partiel

Ombre

Autre

A partir de

Semences

Plante

Classement

Taille ○○○○○

Couleur ○○○○○

Goûter ○○○○○

Fertilisants
et équipements

Besoins en eau

0%
moins

Instructions
d'entretien

Instruction
de plantation

Notes
supplémentaires

Livre de bord du jardinage

<table>
<tr><td>Nom</td><td>Localisation</td></tr>
<tr><td>Fournisseur</td><td>Prix</td></tr>
</table>

Classe scientifique

Végétaux	○	Fruits
Herbe	○	Fleur
Arbuste	○	Arbre
Annuelle	○	Biennale
Pérenne	○	Semis

Dates

Germination

Plantée

Récolté

Niveau de lumière

Soleil

Soleil partiel

Ombre

Autre

A partir de

Semences

Plante

Classement

Taille	○○○○○
Couleur	○○○○○
Goûter	○○○○○

Fertilisants
et équipements

Besoins en eau

0%
moins

Instructions
d'entretien

Instruction
de plantation

Notes
supplémentaires

Livre de bord du jardinage

Nom	Localisation

Fournisseur	Prix

Classe scientifique

Végétaux	○	Fruits
Herbe	○	Fleur
Arbuste	○	Arbre
Annuelle	○	Biennale
Pérenne	○	Semis

Dates

Germination

Plantée

Récolté

Niveau de lumière

Soleil

Soleil partiel

Ombre

Autre

A partir de

Semences

Plante

Classement

Taille	○○○○○
Couleur	○○○○○
Goûter	○○○○○

Fertilisants
et équipements

Besoins en eau

0%
moins

Instructions
d'entretien

Instruction
de plantation

Notes
supplémentaires

Livre de bord du jardinage

Nom	Localisation

Fournisseur	Prix

Classe scientifique

Végétaux	○	Fruits
Herbe	○	Fleur
Arbuste	○	Arbre
Annuelle	○	Biennale
Pérenne	○	Semis

Dates

Germination

Plantée

Récolté

Niveau de lumière

Soleil

Soleil partiel

Ombre

Autre

A partir de

Semences

Plante

Classement

Taille	○○○○○
Couleur	○○○○○
Goûter	○○○○○

Fertilisants
et équipements

Besoins en eau

0%
moins

Instructions
d'entretien

Instruction
de plantation

Notes
supplémentaires

Livre de bord du jardinage

Nom	Localisation

Fournisseur	Prix

Classe scientifique

Végétaux	○	Fruits
Herbe	○	Fleur
Arbuste	○	Arbre
Annuelle	○	Biennale
Pérenne	○	Semis

Dates

Germination

Plantée

Récolté

Niveau de lumière

Soleil

Soleil partiel

Ombre

Autre

A partir de

Semences

Plante

Classement

Taille	○○○○○
Couleur	○○○○○
Goûter	○○○○○

Fertilisants
et équipements

Besoins en eau

0%
moins

Instructions
d'entretien

Instruction
de plantation

Notes
supplémentaires